POURQUOI

NOUS NE VOULONS PAS

D'HENRI V

PAR

LÉGITIMISTE

LYON

P. N. JOSSERAND. LIBRAIRE-ÉDITEUR

3, PLACE BELLECOUR, 3

—

AOUT 1871

POURQUOI

NOUS NE VOULONS PAS

D'HENRI V

LYON. — IMPRIMERIE PITRAT AINÉ, RUE GENTIL, 4.

POURQUOI

NOUS NE VOULONS PAS

D'HENRI V

PAR

UN LÉGITIMISTE

LYON

P. N. JOSSERAND LIBRAIRE-ÉDITEUR

3, PLACE BELLECOUR, 3

—

AOUT 1871

POURQUOI

NOUS NE VOULONS PAS

D'HENRI V

I

INTRODUCTION

Nous ne voulons pas d'Henri V ! Tel est le cri qui retentit aujourd'hui d'un bout de la France à l'autre et que le récent manifeste de Chambord arrache aux lèvres hésitantes.

Nous ne voulons pas d'Henri V ! s'écrient dans la ferveur de leurs convictions républicaines les ouvriers des villes.

Nous ne voulons pas d'Henri V ! répondent les tranquilles artisans des campagnes, ces *bons ruraux* que le retour d'un régime vieilli effraie non moins que le spectre rouge.

Nous ne voulons pas d'Henri V ! dit la bourgeoisie que ses tendances religieuses épouvantent.

Nous ne voulons pas d'Henri V ! proclame l'armée, sous la menace d'une guerre prochaine avec l'Italie.

Nous ne voulons pas d'Henri V ! répète chaque jour une presse dont il ne faut pas se dissimuler l'importance.

Et le 2 juillet, quand on a dit au pays : La lutte est entre la République et le royalisme, entre le drapeau tricolore et le drapeau blanc, entre M. Thiers et Henri V, le pays s'est levé et il a dit par l'écrasante majorité de ses votes : Nous ne voulons pas d'Henri V !

Il ne s'est pas arrêté là, et, comme pour mieux affirmer l'énergie de sa répulsion, il est allé jusqu'à Gambetta.

La peur du blanc l'a jetté dans le rouge.

A part quelques légitimistes, inféodés de vieille

date à une dynastie usée, et dont la fidélité est sans doute excusable ; à part le clergé qui verrait dans le retour du roi la restauration de ses priviléges et de son influence, Henri V n'a plus d'écho en France ; son parti est décidément enterré.

Voilà ce qui se dit et ce qui se lit tous les jours.

Parmi ceux-là mêmes qui, dans ces derniers temps, s'étaient ralliés à la perspective d'une restauration monarchique, comme à leur dernier espoir, il se manifeste un véritable découragement et eux aussi commencent à murmurer : Nous ne voulons pas d'Henri V, puisque son retour est impossible.

Ce fait posé, il convient d'en étudier les causes et de rechercher franchement, loyalement, sans passion, pourquoi nous n'en voulons pas et si nous avons raison de n'en pas vouloir.

C'est l'objet de cette publication, nous la recommandons aux esprits de bonne foi qui, partagés entre des sentiments contraires, hésitent encore à prendre parti dans une question d'où dépend l'avenir de notre bien-aimé pays.

II

Nous n'en voulons pas,
parce qu'avec lui reviendraient la dîme, la corvée et les droits féodaux

Si nous commençons par cette objection ce n'est pas, tant s'en faut, que nous la prenions au sérieux. Il n'est même pas prouvé que la plupart de ceux qui la font en aient l'intelligence ou la bonne foi. Mais elle a joué dans les dernières élections et joue depuis un rôle si important sur l'esprit des masses que nous devons tout d'abord nous en expliquer.

L'opinion publique chez nous est ainsi faite qu'avec quelques mots et beaucoup d'audace on la gouverne au gré de ses prédilections ou de ses haines. Ainsi il y a ce que l'on peut appeler des mots *épitaphe* et des mots *enseigne*. Le mot *en-*

seigne sert à l'achalandage d'une institution ou d'une idée : les immortels principes de 89 et le dogme de la fraternité humaine en sont des exemples courants. Le mot *épitaphe* au contraire est précieux pour enterrer un ennemi qu'on redoute : ainsi quand on a accolé à son nom les qualificatifs de rétrograde, clérical, jésuite, le tour est joué. L'art consiste à lancer le mot à propos et à atteindre l'imagination populaire par son côté vulnérable.

A ce point de vue, il faut convenir que la dernière campagne électorale a été féconde en découvertes. Jamais peut-être l'empire des mots ne fut plus grand. Enseignes et épitaphes avaient été calculées savamment, et chacun sait sous quel poids de sottes inventions ont succombé presque partout les candidatures monarchiques.

Or, je n'hésite pas à le dire, c'est avec de pareilles armes qu'on finit par perdre ses causes; car si le mensonge et la calomnie peuvent obtenir un succès éphémère, ils finissent tôt ou tard par attirer le mépris sur ceux qui les emploient. Et, chose étrange, ces mystificateurs politiques sont ceux qui reprochent à l'Église le charlatanisme de son culte et l'exploitation de la crédulité publique, quand, depuis quatre-vingts ans, c'est cette crédulité qui les fait vivre.

Ce sont eux aussi qui parlent d'éclairer le peuple, de le soustraire au joug de l'ignorance et du préjugé. Et voilà comment ils l'enseignent, en peuplant son imagination d'absurdes fantômes, de fables mensongères et en déroulant sous ses yeux une fantasmagorie ténébreuse qui n'a même pas l'excuse de l'honnêteté. L'empire affectionnait ce procédé de féerie politique ; on sait aujourd'hui ce qu'il entretenait de machinistes à gages pour les besoins de sa mise en scène et on lui a justement reproché d'agiter à tout propos le fameux spectre rouge. Pourquoi retomber dans ses fautes et agiter le spectre blanc ?

Car ce sont bien au fond de véritables ombres chinoises ces droits seigneuriaux dont on mène si grand fracas. C'est ainsi que pendant cette dernière guerre on avait imaginé les cercueils chargés d'or et les intelligences de la noblesse avec l'ennemi. Croit-on sérieusement, en effet, qu'un homme au monde puisse rêver le retour d'un passé qui sommeille dans la poussière des siècles et dont le premier défaut est d'être absolument impraticable aujourd'hui ? Autant vaudrait dire que les royalistes songent à remplacer le chassepot par l'arbalète et le canon rayé par les vieilles couleuvrines du quinzième siècle.

Je me suis toujours demandé, pour ma part,

comment Henri V s'y prendrait pour rétablir la
dîme et la corvée, à supposer qu'il y eût jamais
songé ; comment, par exemple, il forcerait le
paysan à battre, durant la nuit, la mare du château pour protéger le sommeil du seigneur contre
le coassement importun des grenouilles. Voit-on
d'ici les récalcitrants conduits entre deux gendarmes au bord de l'eau bruyante et contraints
d'accomplir leur singulière besogne sous l'œil de
la maréchaussée. Mais n'y eût-il pour celle-ci
que le danger très-sérieux des éclaboussures et
l'inconvénient du ridicule, elle s'y refuserait évidemment. Je me figure, au surplus, que le bruit
de cette battue fantaisiste étant pour le moins aussi
désagréable que le cri des grenouilles pour l'oreille
des châtelains, il n'eurent pas souvent l'idée d'en
user. Et cela est si vrai qu'en pleine monarchie,
sous le roi-soleil, La Fontaine put écrire une fable
sur *les Grenouilles qui demandent un roi,* ce
qu'elles n'eussent jamais fait à coup sûr si les rois
de ce temps-là eussent obligé les vilains à les
pourchasser jusque dans leurs humides retraites.

Ce que je dis de cette étrange coutume, il faut
le répéter de tous les autres droits féodaux dont
on se complaît à faire un si savant étalage. La
·plupart n'ont jamais existé et, dans tous les cas,
personne ne songe à en favoriser le retour.

« D'ailleurs, les rapports des seigneurs avec
leurs hommes, écrit un savant historien, ne sont
point entachés de ce caractère de violence et d'ar-
bitraire avec lequel on se plaît trop souvent à les
décrire. De bonne heure les paysans sont rendus à
la liberté : *dès le onzième siècle, le servage a
disparu de nos campagnes ;* à partir de cette
époque il subsiste bien encore quelques redevan-
ces et quelques services personnels, mais le plus
grand nombre est attaché à la jouissance de la
terre. Dans tous les cas, les obligations tant réelles
que personnelles sont nettement définies par les
chartes et les coutumes. Le paysan les acquitte
sans répugnance, il sait qu'elles sont le prix de la
terre, il sait aussi qu'il peut compter sur l'aide et
la protection de son seigneur [1]. »

Quoiqu'il en ait été de ces droits dans le passé,
la Restauration a régné quinze ans sur la France
et je ne sache pas qu'elle les ait ramenés dans les
plis de son drapeau. Je ne sache pas qu'alors, pas
plus sous Louis XVIII que sous Charles X, les fer-
miers aient été tenus de livrer à leurs maîtres le
dixième de leurs gerbes ou de leurs récoltes.

On conservait bien encore dans certaines con-

---

[1] M. Léopold Delisle, *Études sur la condition de la
classe agricole en Normandie.* Préface.

trées l'usage de porter triomphalement à la maîtresse du logis la dernière gerbe de la moisson couronnée de rubans et de fleurs. Mais c'était fête alors pour les moissonneurs et je n'ai pas ouï dire qu'ils aient lieu d'applaudir à la disparition de cette poétique coutume.

Je n'ai pas ouï dire davantage que Louis XVIII et Charles X aient déclaré le paysan taillable et corvéable à merci, ni que sous leur règne la liberté individuelle ait été sérieusement menacée.

Pourquoi leur petit-fils ferait-il autrement et plus mal ? Quels profit retireraient d'ailleurs les propriétaires d'un pareil changement ? N'aiment-ils pas autant percevoir leurs fermages en argent ? Et ceux qui préfèrent les toucher en nature n'ont-ils pas la ressource du métayage ?

Ce n'est donc pas sérieusement qu'on parle de dîmes et de corvées. Ceux qui se servent de ces épouvantails trouvent commode d'en user pour surprendre la bonne foi de ceux qui les écoutent. Mais les républicains honnêtes doivent être les premiers à regretter ces sottes calomnies, parce qu'en déshonorant leur cause, elles compromettent leur succès.

Les propagateurs de semblables sornettes ressemblent à ces bonnes qui, pour effrayer leurs moutards, sont sans cesse à leur parler de Croquemitaine et de Barbe-Bleue. L'enfant finit par s'apercevoir que Croquemitaine est un personnage fort inoffensif et perd, avec le respect de ceux qui l'enseignent, la crainte du mal dont on cherchait à le détourner.

III

Nous n'en voulons pas
parce qu'il n'est pas de son temps

Comment serait-il de son temps, dit-on, lui, le descendant de vingt rois, le sang de saint Louis, l'arrière-neveu de Louis XIV, conseillé comme il l'est, entouré de cette vieille noblesse qui fit peser autrefois sur la France la dîme et le privilége? Évidemment, s'il régnait, il se croirait encore aux jours de Philippe-Auguste ou d'Henri IV et verrait des vassaux dans tous ses sujets. Du reste, victime de la Révolution, il en hait les principes. Il n'a rien appris et tout oublié. Bref, à supposer qu'il ne soit pas trop arriéré, dans tous les cas, il n'est pas de son pays puisqu'il a vécu dans l'exil et dès lors en ignore les besoins.

Telles sont les variations les plus habituelles exécutées par la presse et l'opinion sur le thème qui sert de tête à ce chapitre.

Au fond, de quoi a-t-on peur? Du retour des perruques à queue ou à marteau, des collerettes gauffrées, des jabots de dentelles ou des tricornes galonnés? L'art n'y perdrait rien peut-être. De voir le gaz, le télégraphe et les chemins de fer supprimés, par ordonnance, d'un bout de la France à l'autre, les presses brisées, la patache en honneur et les immortels principes au musée des curiosités dangereuses? Allons donc!

Veut-on dire, au contraire, par manière de discours sérieux, que le comte de Chambord est étranger aux questions contemporaines, ou que, s'il les connaît, il est incapable de les résoudre dans le sens des aspirations modernes? Ici sa correspondance donne à ce reproche le plus formel démenti. Nul homme peut-être n'a mieux approfondi et avec plus d'indépendance, nul n'a plus persévéramment étudié les problèmes sociaux de notre époque. Politique, économie sociale, question ouvrière, décentralisation, il a tout abordé : il s'est exprimé sur tout avec cette mesure, cette précision, qui sont la marque d'un esprit sage et loyal. Aussi un républicain, M. Charles Didier, qui eut en 1849 l'honneur de l'approcher, en trace-t-il le portrait suivant : « L'esprit de parti le représente comme un absolutiste, et c'est comme tel qu'il apparaît à la foule du fond de son exil : la vérité est qu'il n'y a peut-être pas dans toute l'Europe un constitutionnel plus sincère que lui. Bien plus, sauf quelques idées modernes qui ont déteint sur lui dans ces derniers temps et qu'il travaille à s'assimiler, c'est presque un libéral de la Restauration. »

J'ai déjà eu l'occasion d'observer et je répète que pendant son long exil, il ne lui échappe pas une parole d'amertume. S'il regrette le trône, c'est parce qu'il ne peut se consacrer au bonheur de la France. Et c'est bien son bonheur véritable qu'il recherche, non la satisfaction d'une ambition vulgaire. Tant que sa parole peut être un germe de division, il se tait. Et quand il parle, c'est avec la franchise d'une âme qui méprise les habiletés de la politique et les calculs de l'astuce. L'exil que d'autres emploient à conspirer, il le consacre à l'étude. Autour de lui il appelle des hommes éminents qu'il interroge sur l'état de la France, ses aspirations et ses besoins. Loin d'elle, il vit avec elle, par elle et pour elle.

S'il remonte sur le trône de ses aïeux, ce ne sera ni par force, par e, mais quand la volonté du pays appellera le ouvoir, il le veut tempéré par un sage contrôle et des assemblées délibérantes. La décentralisation, il la promet large et sincère. La question ouvrière, il l'envisage sans faiblesse, mais sans colère. Il n'est pas jusqu'aux problèmes d'économie agricole qui ne fixent son attention et ne provoquent ses recherches. Et si nous sentons aujourd'hui passer sur nos institutions comme un souffle de sage liberté, si la province recouvre peu à peu sa vieille indépendance, c'est en grande partie à son influence que nous en sommes redevables.

Depuis vingt ans, en effet, il pousse ses amis dans cette voie. C'est par en bas qu'on reconstruira la liberté, leur répète-t-il sans cesse, décentralisez, décentralisez, brisez ces rouages inutiles où s'use l'initiative individuelle : faites des citoyens et non des fonctionnaires. « Vous ne sauriez, dans les circonstances présentes, rendre à la France un service plus important et plus méritoire [1]. »

Aussi les feuilles les plus hostiles, comme le *Siècle*, sont-elles obligées de convenir que, somme toute, le parti légitimiste a un patriotisme éclairé et libéral. Qui donc, en effet, a préparé

---

[1] *Étude politique de M. le comte de Chambord*, p. 213.

par de longs et consciencieux travaux, les trans-
formations administratives qui s'opèrent?

Et aujourd'hui, de quel côté de l'Assemblée
siègent les véritables amis de la liberté? Pendant
que les républicains défendent pied à pied les restes
de ce pouvoir personnel qu'ils anathématisaient
avant de le posséder, c'est la droite, cette droite tant
bafouée, qui vote les réformes libérales, élargit
le cercle d'action des conseils généraux, abroge les
lois d'exil, fait pénétrer partout la justice avec la
liberté. Son programme, c'est celui que le comte de
Chambord résumait ainsi dans son manifeste du
5 juillet :

« Dieu aidant, nous fonderons ensemble et
quand vous le voudrez, sur les larges assises de
la décentralisation administrative et des fran-
chises locales, un gouvernement conforme aux besoins réels du pays.

« Nous donnerons pour garantie à ces libertés
publiques auxquelles tout peuple chrétien a droit,
le suffrage universel honnêtement pratiqué et le
contrôle des deux Chambres, et nous reprendrons,
en lui restituant son caractère véritable, le mou-
vement national de la fin du dernier siècle. »

Ce qu'après avoir lu, un journal peu suspect
s'écriait : « En vérité, que demander de plus sans
être socialiste? »

Il est un point cependant sur lequel le prince exilé ne sera jamais de son temps. Au milieu de l'affaissement général des caractères, en effet, il garde son âme haute, sa parole libre et sa royale franchise. Quand de toutes parts on immole au succès, il lui préfère l'honneur et ne se baissera même pas pour ramasser une couronne. Du sein de son époque, il se dresse comme un de ces géants qui écrasent en se faisant admirer [1].

Lui préférerions-nous, par hasard, quelqu'un de ces intrigants vulgaires qui escaladent le trône par surprise et s'y maintiennent par force.

---

[1] Voici ce qu'écrivait à ce sujet le *Constitutionnel* au lendemain du manifeste : « Si éloigné que l'on soit de se rallier au drapeau blanc, il faut savoir appréhender, chez M. le comte de Chambord, la franchise qu'il sait apporter dans ses déclarations. Il donne un exemple rare : combien il serait désirable que cet exemple servît à remettre dans la voie de la vérité tous ceux qui s'en écartent... Le comte de Chambord n'aura pas à se reprocher de semblables compromis ; il n'est vraiment pas un homme de son temps. Mais comme sa parole est saine ! et que nous serions plus forts et plus fiers si tout le monde parlait avec cette droiture ! »

IV

Nous n'en voulons pas
parce qu'il veut le drapeau blanc

Il ne s'agit pas là évidemment d'une simple
question de couleur ou d'ornementation ; mais derrière ce drapeau on a accumulé une masse de préjugés et de défiances qui en font, à coup sûr, une
des armes les plus redoutables aux mains des
adversaires de la légitimité. Presque partout, en
effet, le drapeau blanc a servi de linceul aux candidatures qui l'avaient arboré et je pourrais citer
telle ville du département du Rhône où, pour
effrayer les électeurs, on avait nuitamment collé
de petits drapeaux blancs à la suite du nom des
candidats conservateurs.

On sait aussi l'agitation produite par le fameux

manifeste de Chambord et l'inébranlable fidélité
d'Henri V au drapeau d'Henri IV.

Pourquoi cette répulsion?

Il y en a deux causes principales.

La première naît d'un sentiment respectable.
On a été élevé sous l'étendard aux trois couleurs ;
c'est sous ses plis aux franges d'or que depuis
trois quarts de siècle nos vaillantes armées par-
courent le monde ; c'est pour défendre son honneur que des légions de braves sont tombées ; on
a appris à l'aimer comme le symbole de la patrie.
On hésite à s'en séparer, au lendemain de la défaite surtout, et, comme le fils des rois, plus d'un
s'écrie : « Il a flotté sur mon berceau : je veux
qu'il ombrage ma tombe. »

Il faut convenir cependant que c'est là l'argu-
ment du petit nombre. C'est plus, en effet, par
haine du blanc que par amour des trois couleurs
que la multitude se détermine. Et en réalité on a
fait ce drapeau blanc si noir qu'il est devenu pour
elle un véritable objet d'effroi. A son ombre, c'est
la féodalité qui revit, les donjons crénelés qui se
dressent; les Bastilles qui se rouvrent; c'est l'écrasement du peuple : qui sait même si pour quelques-
uns ce n'est pas le règne de Mérovée ou de
Pharamond brusquement transplanté en plein
dix-neuvième siècle.

Inutile de dire que ce sont là de pures inventions et des craintes chimériques. Ce que le drapeau blanc nous apporte dans ses plis, Henri de France l'a dit : « C'est l'ordre avec la liberté ; c'est la paix au dedans, la puissance au dehors. — Ce que je veux, écrivait-il le 1er juin 1848, c'est la paix, c'est le bonheur, c'est la gloire de la France [1]. » Or, il a le droit d'être cru sur parole après les exemples de franchise chevaleresque qu'il vient de donner au monde. Ce qu'il veut, il l'indique sans détour, loyalement, royalement, au risque de briser sa couronne et de se fermer le chemin du trône. Il ne laisse subsister « ni malentendu ni arrière-pensée. » Comment ensuite soupçonner sa sincérité lorsqu'à ses détracteurs il répond : Les fantômes que vous accumulez contre moi, je les renie, les abus, je les condamne. Mon drapeau, c'est l'emblème de la justice et de la liberté : c'est le vieux drapeau de mes aïeux et des vôtres.

On n'y songe pas assez, en effet. Mais c'est à l'ombre du drapeau blanc que notre France a conquis sa grandeur et son unité. « C'est avec lui que s'est faite l'unité nationale ; c'est avec lui que vos pères et les miens ont conquis cette Alsace et cette

---

[1] *Étude politique.* Préface, p. XXIII.

Lorraine dont la fidélité sera la consolation de nos malheurs. Il a vaincu la barbarie sur cette terre d'Afrique, témoin des premiers faits d'armes des princes de ma famille : c'est lui qui vaincra la barbarie nouvelle dont le monde est menacé. »

Pendant quatre cents ans nos pères sont morts pour garder sa blancheur et les lis brillent à ses flancs, purs comme les étoiles au firmament du ciel.

C'était au quinzième siècle : notre pays, envahi par l'Anglais triomphant, défendait derrière la Loire la cause de son indépendance sérieusement menacée : le roi d'Angleterre commandait dans Paris, *la grande ville*, et usurpait nos vielles couleurs nationales. Ce fut alors que, déployant une bannière blanche, comme pour inaugurer une fortune nouvelle, la France s'en fit un étendard. Jeanne d'Arc la première le couvrit d'éclat : après avoir été à la peine il fut à l'honneur et flotta aux pieds des autels où le *roi de Bourges* reçut, après son triomphe, la couronne des rois de France. Depuis lors il guida nos armées au succès : on eût dit que la victoire en avait fait son drapeau. Immortalisé plus tard par Henri IV et François Ier, Louis XIV le promena sur ces champs de bataille où nous parlions en maîtres alors. Condé, Turenne, Luxembourg, le tapissier de Notre-Dame, Villars, le couronnèrent de gloire, tandis que sur les mers où retentissaient les noms de Jean Bart et de Duguay-Trouin, il flottait fièrement en face du pavillon britannique. L'Amérique lui dut son indépendance; 1830 lui dut Alger. Deux fois, en 1815, il repoussa l'invasion et modéra les exigences du vainqueur. Et c'est cet étendard quatre fois séculaire, c'est ce drapeau glorieux qui fait peur à la France; comme si les abaissements présents la rendaient incapable de fixer les grandeurs de son passé: comme si sa gloire pesait trop à ses mains affaiblies! France, ô mon pays, tu ne te reconnais donc plus toi-même: tu veux donc déchirer les plus belles pages de ton histoire. Ah! tes maîtres d'hier, les hommes de Boulogne et de Sedan, t'ont laissée si petite et si faible que tu as oublié jusqu'au souvenir de ton antique honneur et de ta vieille armée. Réveille-toi. Souviens-toi des jours anciens. Tu étais forte alors et respectée. Reprends ta bannière: dans ses plis que l'exil a gardés purs, elle te rapporte la victoire avec l'espérance. Le souffle de la liberté l'enfle comme une blanche voile! allons, debout! voici que le navire rentre au port.

Sans doute le drapeau tricolore a aussi sa légende. Mais que de crêpes à ses lauriers! Après Jemmapes, Fleurus et Austerlitz — Waterloo. —

Après l'Alma, Solferino et Sébastopol — Sedan.
Le drapeau blanc chasse l'étranger victorieux :
trois fois le drapeau tricolore le ramène, et quand,
terrassé, trahi par la fortune, Napoléon le Grand
tombe pour la dernière fois : « Un Bourbon s'en
relèverait ! » s'écrie-t-il. Un Bonaparte ne le pouvait pas.

Le drapeau tricolore ! Mais l'Allemagne en possède aujourd'hui plus qu'il ne nous en reste. Eh
bien ! puisqu'elle a pris nos aigles qu'elle les garde,
et pour toujours surtout. Si elle a quelque envie
maintenant de collectionner les bannières de nos
rois, qu'elle vienne les prendre. Elle verra qui
pèse plus de l'épée des Bourbons ou du sabre des
Bonapartes.

Et puisque je parle de Bonaparte, prenons garde
qu'à la faveur de son étendard, si nous le conser-
vions plus longtemps, le despote ne nous revienne.

Henri V était donc grandement inspiré quand il
s'écriait : « Non, je ne laisserai pas, parce que
l'ignorance ou la crédulité auront parlé de priviléges, d'absolutisme ou d'intolérance, que sais-je
encore? de dîmes, de droits féodaux, fantômes que
la plus audacieuse mauvaise foi essaie de ressus-
citer à vos yeux, je ne laisserai pas arracher de
mes mains l'étendard d'Henri IV, de François Ier,
et de Jeanne d'Arc... Je l'ai reçu comme un dépôt

sacré du vieux roi mon aïeul, mourant en exil, il a toujours été pour moi inséparable du souvenir de la patrie absente : il a flotté sur mon berceau, je veux qu'il ombrage ma tombe. Dans les plis glorieux de cet étendard sans tache je vous apporterai l'ordre et la liberté. Français, Henri V ne peut abandonner le drapeau blanc d'Henri IV. »

On a dit : Ce langage est noble, mais il est imprudent. La loyauté n'est imprudente que chez les peuples corrompus.

On a dit : Il est impolitique. La bonne politique consiste à dissiper les équivoques. Il n'y a que l'intrigue qui les caresse.

On a dit enfin : C'était inutile. Inutile ! Non. La situation est nette maintenant : d'un côté la révolution, de l'autre le droit. A la France de choisir. Quant au fils des rois, il n'apostasie pas la couleur de sa maison, et quelque estime qu'il ait pour la couronne, il lui préfère encore son honneur.

Le nôtre serait bien entre pareilles mains.

V

Nous n'en voulons pas
parce que ce serait le règne des curés
et des nobles

Cette fois, c'est la peur du noir après celle du blanc. Derrière Henri V l'imagination populaire groupe, en effet, je ne sais quel cortége imaginaire où les lettrés de la féerie ne manquent jamais de signaler le regard faux de Bazile, l'air farouche de Torquemada, l'hypocrisie de Tartuffe, la hauteur du baron féodal, que sais-je encore ? mille décors usés de l'opéra anticlérical. De sorte qu'on entend dire souvent, sur un ton de véritable attendrissement : « Ce que je redoute, moi, ce n'est pas Henri V ; personnellement c'est le meilleur des hommes, droit, loyal, tolérant ; mais c'est son entourage, cette camarilla étroite et jalouse, dont il subit la néfaste influence. » Il est sous-entendu, cela va sans dire, que les jésuites sont l'âme du complot et en dirigent les fils.

Pauvres jésuites ! La Révolution a beau les pourchasser : on les rencontre partout, et ce qu'il y a de plus vexant, c'est qu'on ne les saisit nulle part ; nulle part où on les cherche, entendons-nous. Car lorsqu'il s'est agi de les expulser de leurs couvents pour installer à leur place les derniers polissons du ruisseau, on a bien su les trouver. On a su les trouver aussi à Paris pour en faire des martyrs et les murs de la Roquette en demeureront dans notre siècle les sanglants témoins.

Si l'on veut dire qu'Henri V leur accordera la liberté du droit commun, comme à vous et à moi, qu'il les laissera accomplir en paix, dans le silence de la retraite, l'œuvre de leur sanctification sans s'inquiéter ni de leur habit, ni de leur nom, c'est possible. Je dirai même que c'est certain, parce que la conscience le demande au même titre que la liberté.

Mais si l'on s'imagine sérieusement que les jésuites gouverneront la France, parce que les lis auront refleuri, que le cléricalisme deviendra une obligation d'État, que le *Siècle* et l'*Opinion nationale* devront chanter laudes et matines, qu'il

faudra représenter chaque année son billet de
confession avec la quittance du percepteur, que
sais-je? aller à la messe entre deux gendarmes et
à vêpres aux fêtes de dévotion, c'est tout simple-
ment une niaiserie bonne à ajouter aux contes de
Barbe-Bleue et du *Chat botté* de Perrault.

L'illustre prince sait trop bien que jamais la
conviction ne naquit de la contrainte, il honore
trop la conscience pour lui imposer l'hypocrisie
la plus coupable de toutes, et il sait que le mensonge de la vertu n'est pas moins désagréable à
Dieu que le mensonge de la parole.

Ceci posé, et l'inviolabilité des âmes garantie,
quel mal verrait-on à ce que la religion fût un peu
plus respectée, dès lors qu'elle le serait librement?
Quand la presse ne jetterait pas chaque jour l'ou-
trage et l'insulte à la face de nos prêtres, quand
l'enfant apprendrait mieux dans son catéchisme
le respect de l'autorité et l'amour de l'obéissance,
quand l'ouvrier saurait qu'au delà de cette terre
où il souffre, Dieu lui réserve une patrie de bonheur et de repos, et quand le curé viendrait plus
souvent s'asseoir à son foyer pour sanctifier ses
joies et alléger ses chagrins, où serait le grand
malheur? Croit-on qu'alors les serviteurs seraient
moins dociles, les enfants moins soumis, les
époux moins fidèles, les travailleurs moins heu-

reux? Et la liberté serait-elle en danger? La liberté, mais elle ne peut prendre racine que chez un peuple moral, et un peuple sans religion sera toujours un peuple sans morale.

On oublie trop d'ailleurs que c'est au catholicisme que l'humanité doit sa véritable émancipation. C'est lui qui a fondé la dignité humaine en affirmant la personnalité de l'âme et en proclamant que mieux vaut obéir à Dieu qu'aux hommes. C'est lui qui a brisé les fers de l'esclavage et et rendu à la liberté l'homme que l'intérêt et la passion tenaient captif. C'est lui qui, prenant la femme dans l'abjection du paganisme, l'a élevée à la place qu'elle occupe dans la civilisation chrétienne. C'est lui enfin qui chaque jour va, au prix de son sang, jeter sur les plages étrangères la semence de ces vérités qui font les peuples libres et forts. Pourquoi dès lors redouter ses progrès? Et si la monarchie en favorise l'épanouissement, pourquoi s'en plaindre? Monseigneur l'évêque d'Orléans le disait éloquemment à l'Assemblée nationale : « Il n'y a pas loin de ceux qui calomnient les prêtres à ceux qui massacrent les otages. Tout menteur peut inspirer un meurtrier et un incendiaire [1]. »

---

[1] Séance du 22 juillet 1871.

Qu'on se rassure, au surplus. La commune ne disparaîtra pas dans la paroisse et la mairie restera à côté de la sacristie pour ceux que cette dernière effraie.

La légitimité ne sera donc pas le règne des curés.

Ne sera-t-elle pas au moins le règne des nobles, le triomphe des châteaux, l'écrasement des chaumières ? Chose étrange, on redoute la noblesse et chacun y aspire. En sorte qu'au fond, cette haine n'est à proprement parler que de la jalousie et, si l'on y regarde de près, ce ne sont pas tant des priviléges de la noblesse dont on se plaint que de l'impossibilité d'en jouir personnellement. La preuve est dans tant de blasons artificiels et de couronnes d'emprunt dont notre temps abonde. Or, je le dis bien haut, entre un Montmorency et un épicier enrichi, je n'hésiterais pas. En noblesse, comme en toutes choses, le vrai vaut mieux que le faux et je ne sache pas de majesté plus inaccessible que ces bourgeois vaniteux devenus aussi superbes dans leur fortune qu'ils étaient plats dans la détresse. La morgue des parvenus est proverbiale. Jasmin, le poëte d'Agen, l'a flagellée dans des vers indignés. Ce sont ceux-là que le comte de Chambord commencera par écarter.

Sans doute il appellera à lui quelques-uns de

ces vieux gentilshommes qui depuis quarante ans restent fidèles à son exil, quelques-uns de ces vieux noms qui de tout temps ont fait comme l'auréole de la maison de France. Quoi de plus juste! Mais à côté d'eux, c'est lui-même qui le proclame, il y aura place pour tous les talents et pour tous les mérites : pour le fils de l'artisan comme pour l'héritier des plus illustres races. Il ne veut pas être l'homme d'un parti, d'une coterie. Il appelle à lui tous les hommes de cœur sans distinction, il les convie à l'œuvre de la régénération sociale, il veut être « le roi de tous. » — « Je veux être Henri IV second, » s'écriait-il, quand jeune encore, il jouait sur les marches du trône dont son aïeul devait bientôt descendre; Henri IV second, c'est-à-dire, l'homme de la nation, l'homme du pauvre peuple, l'homme de tous enfin, excepté des coquins et des sots.

« J'ai employé, écrit-il vers 1844, les longues années de mon exil à étudier sérieusement les hommes et les choses. Je comprends les conditions que les événements ont faits à la société actuelle. Je reconnais les intérêts nouveaux qui, de toutes parts, se sont créés en France et le rang social que se sont légitimement acquis l'intelligence et la capacité. Si la Providence m'appelle au trône, je prouverai, je l'espère, que je connais l'étendue et la hauteur de mes devoirs. Exempt de préjugés, loin de me renfermer dans un esprit étroit d'exclusion, je m'efforcerai de faire concourir tous les talents, tous les caractères élevés, toutes les forces intellectuelles de tous les Français à la gloire de la France [1]. »

C'est le commentaire du mot de Louis XVIII aux élèves de l'École militaire : « Mes enfants, vous avez tous le bâton de maréchal dans vos gibernes, c'est à vous de l'en faire sortir. »

Le 26 août 1844, le général Donnadieu s'étant plaint au prince de je ne sais quelle difficulté éprouvée pour arriver jusqu'à lui, il lui répond : « Je lis dans une des lettres que vous m'envoyez qu'il faut porter un titre pour être bien reçu de moi. C'est là une odieuse calomnie que je repousse avec indignation; si elle se trouvait sous la plume d'un ennemi, je m'en affligerais, mais je pourrais ne pas m'en étonner; mais qu'elle me vienne d'un homme qui se dit royaliste et dévoué, c'est inexplicable. A Londres, comme à Rome, comme partout où j'ai eu le bonheur de rencontrer des Français, je les ai tous accueillis avec empressement, sans distinction de rangs, de classes, de conditions ni même d'opinions. Ce sont là, grâce à Dieu, des

[1] *Étude politique.* Préface, p. XLII.

faits notoires qu'il ne sera pas facile d'obscurcir.
Je l'ai dit et je le répète, si jamais la Providence
m'ouvre les portes de la France, je ne veux pas
être le roi d'une classe ni d'un parti, mais le roi
de tous. Le mérite et les services seront les seules
distinctions à mes yeux [1]. »

C'est la seule amertume de sa longue correspondance.

Ses paroles sont si sincères que chaque fois
qu'une calamité publique vient éprouver la France
il est des premiers à réparer les désastres. Ainsi
en 1843, c'est pour les victimes de la Guadeloupe
qu'il envoie cinq mille francs ; une autre fois, il
affecte une somme plus importante encore aux
malheureux éprouvés par les rigueurs d'un hiver
exceptionnel. Quand il se marie, en 1846, les pauvres de Paris reçoivent son premier cadeau, et au
bouquet offert par les dames de la halle il répond
avec toute la courtoisie d'un galant homme et d'un
prince. Aux monuments érigés à nos gloires nationales, il apporte son tribut. Et l'an dernier, il
voulut être des premiers à témoigner sa cha-
rité pour nos glorieux blessés en faisant établir
une ambulance dans son château de Chambord.
On redouterait donc vainement des représailles

---

[1] *Étude politique*, p. 31.

que d'avance désavoue la générosité de son âme.

La noblesse! Ah! oui, il y a un poste qu'il lui réserve! Au danger et non dans ces places grassement rétribuées pour lesquelles il paraît que certains républicains ont des prédilections bien marquées. Au premier rang contre l'ennemi, voilà l'honneur qu'elle ambitionne. On l'a bien vu dans cette dernière guerre. Qui donc tombait sur les champs de bataille de la République forçant l'admiration des ennemis eux-mêmes, et de quels ennemis? Qui tenait ferme le drapeau de la France jusque dans ses revers et nous sauvait l'honneur tandis que la victoire nous abandonnait? Si notre vieille réputation de bravoure est intacte, à qui le devons-nous? Y avait-il beaucoup de républicains pour la défendre? Plusieurs sans doute et de vaillants. Mais combien, pendant ce temps, se blotissaient dans les cartons de préfectures et les couloirs de ministères? Relisez au contraire le martyrologe de ces hommes qu'on trouvait bons pour mourir et qu'aujourd'hui l'on juge parfois à peine dignes de vivre. Que de vies moissonnées dans leur fleur! Que de blessures saignantes! Les Chevreuse, les du Bourg, les Rohan, les Clermont-Tonnerre et tant d'autres! Ils ont montré, ces preux, comment ils aimaient la

France et ce qu'elle pouvait attendre de leur vaillance.

N'ayons donc peur ni du prêtre qui se sacrifie
pour consoler, ni du noble qui meurt pour sauver
sa patrie. Bienheureux les peuples qui les hono-
rent ! Grands au dehors, heureux au dedans, ils
s'aperçoivent bien vite qu'à l'ombre de l'autel et
de l'épée, la liberté fleurit à côté de l'honneur.

VI

Nous n'en voulons pas
parce que ce serait la guerre avec l'Italie

Les sentiments d'Henri V vis-à-vis du Saint-Siége ne sont un mystère pour personne ; il a eu soin, du reste, de les affirmer lui-même avec cette franchise qui lui est propre : « On dit que l'indépendance de la papauté m'est chère et que je suis résolu à lui obtenir d'efficaces garanties : on dit vrai . »

Mais où l'on dit faux, c'est lorsque, pour obtenir ces garanties, on lui prête la pensée de déclarer la guerre à l'Italie, au lendemain de nos défaites, quand nous n'avons pas même eu le temps de calculer nos pertes. C'est pourtant une erreur universelle, répandue par la mauvaise foi.

Pour aller au fond des choses, il conviendrait

de se demander par quelle incroyable série de
fautes nous en sommes réduits à voir dans l'Italie,
notre vassale d'hier, le danger d'aujourd'hui, et
si la guerre de 1859, par exemple, en fondant
l'œuvre de l'unité italienne, n'a pas été la cause
directe de sa puissance et de son ingratitude. On
le disait alors au pouvoir. Vous faites l'œuvre de
nos ennemis, répétait-on, en fortifiant le royaume
subalpin. Pourquoi abaisser l'Autriche au profit
de la maison de Savoie? Vous organisez à vos
portes un peuple considérable, dont la reconnais-
sance sera le moindre défaut. Mais la presse républicaine battait des mains et rendait en encens
l'or que Cavour jetait à poignées dans ses caisses.
Comment vient-elle, aujourd'hui, nous dire que
l'Italie est trop forte pour que nous puissions nous
mesurer avec elle? C'est elle qui a fait sa force et
notre faiblesse.

Les événements n'ont pas tardé à justifier les
prédictions. En 1866, l'Italie donne la main à la
Prusse pour achever l'Autriche à Sadowa, et,
l'an dernier, elle guette nos désastres, déchire les
traités que la France a signés et illumine à nos défaites. Voilà l'œuvre de l'unité italienne, œuvre
d'ingratitude et de noirceur ! Les héros de Lissa et
de Custozza paradent insolemment devant notre im-
puissance. Quand un roi de France appesantirait

sur leurs joues un de ces soufflets qui marquent
pour la vie et les renverrait à leurs marmottes,
quel mal y verrait-on ?

Mais ce n'est pas de cela qu'il s'agit ; la France
a assez à panser ses plaies, sans s'aventurer dans
de nouveaux combats. « Vous voulez la guerre, »
nous dit-on. « Je réponds, s'écriait à la Chambre
l'illustre évêque d'Orléans, je réponds : non, nous
ne voulons pas la guerre, et je renvoie cette contradiction formelle aux calomniateurs qui, dans
les dernières élections, nous ont poursuivis de ce
mensonge impudent... Quand vous n'avez que
cette calomnie à faire contre nous, c'est que vous
n'avez rien à dire [1]. »

Ce que ferait Henri V, s'il montait sur le trône,
ce serait de faire entendre au monde une de ces
paroles de protestation et de blâme qui valent
parfois des armées, quand elles tombent des lèvres
d'un roi de France. Nul doute que sa voix n'éveil-
lât, dans les cabinets européens, un écho prolongé.
Ce sont trois États schismatiques qui, en 1815,
rendirent au pape ses provinces : la Russie, l'Angleterre et la Prusse. Pourquoi n'obtiendrait-on
pas encore leur concours ? C'en serait assez, sans
tirer le sabre du fourreau, pour réduire la morgue

[1] Séance du 22 juillet 1871.

de ce peuple bâtard et de ce mannequin royal dont la moustache seule est grande.

En des temps plus heureux, on aurait pu, on aurait dû envoyer quelques bataillons avec un drapeau français pour tenir les envahisseurs en respect ; c'eût été suffisant. On se souvient, en effet, du mot de Lamoricière : « Qu'on laisse à Rome la pipe d'un zouave avec sa calotte, les Italiens n'entreront pas. »

Puisque nous ne sommes plus la nation victorieuse, restons du moins la nation généreuse. Ceux qu'autrefois nous protégions de notre épée, couvrons-les de notre parole. C'est quelque chose que la parole de la France, quand elle parle au nom de Clovis, de Charlemagne et de saint Louis. Ces rois furent nos aïeux ; laisserons-nous détruire leur œuvre ? Ne serait-il plus vrai que notre pays a le souci de la justice et de la liberté ?

Cessons donc de trembler. Henri V ne ferait pas une guerre imprudente. Il parlerait au monde, et, quand un Bourbon parle, le monde écoute.

VII

Nous n'en voulons pas
parce que la France est républicaine

Oui, à peu près comme la Suisse est monarchique et la Chine constitutionnelle. Ou encore comme
si l'on disait d'un homme nerveux que c'est un
tempérament sanguin ; d'un anémique qu'il a la
force d'Hercule ; d'une femme brune qu'elle est
blonde, parce que la teinture du coiffeur a doré la
couleur de ses cheveux.

On a fait subir à la France un traitement ana-
logue : sur son front on a remplacé la couronne
par un bonnet plus ou moins phrygien ; dans sa
main qui portait un sceptre on a mis une lance ;
on a jeté une carmagnole sur ses épaules, et pendant qu'écrasée sous le poids de ses immenses in-

fortunes, elle pleurait ses défaites, on a rougi son drapeau. Puis, la montrant au peuple, on a dit : Vous voyez bien, la France est républicaine; les rois lui font horreur.

Et des esprits sérieux croient à cette fantasmagorie. Comme si une nation passait subitement d'un régime à un autre, sans transition, sans éducation intermédiaire. Non, les peuples sont comme les individus : ils ont leur tempérament, et ce tempérament, pour eux, c'est la santé. Ils ont leur atmosphère hors de laquelle ils ne peuvent que décroître et périr. C'est la loi du monde. Tout être a ses lois parce qu'il a son but; et, de même que tous les hommes ne sont pas appelés à suivre la même carrière, de même il est parmi les nations des diversités d'habitudes et de tendances qui engendrent des institutions différentes.

Pourquoi la Suisse, par exemple, cette hospitalière voisine, vit-elle heureuse dans la fédération de ses petites républiques? Parce que les siècles ont consacré cette organisation; parce que chez elle les institutions sont d'accord avec les mœurs; parce qu'elle est républicaine, enfin.

Or, les mêmes raisons font de la France un pays essentiellement monarchique. Son passé, ses traditions, son histoire, jusqu'à ses défauts même, l'éloignent du gouvernement électif. Chaque fois qu'elle en a fait l'essai, ça a été pour tomber dans le despotisme ou l'anarchie, habituellement dans tous les deux. Laissons donc là ces rêves chimériques de république universelle ; le meilleur gouvernement pour un peuple est celui auquel l'a préparé son passé, et c'est en vain que des politiques criminels parlent d'abaisser les barrières entre les nations. La nation c'est la famille des peuples : elle est indestructible.

Sait-on d'ailleurs ce que serait la république chez nous avec la mobilité de nos impressions et la légèreté traditionnelle de notre caractère ? Le règne des compétitions politiques, quand ce ne serait pas comme à Athènes, l'ostracisme du mérite et de la vertu. Beaucoup de gens bien intentionnés redoutent l'hostilité des partis et rêvent, au moyen de je ne sais quelle conciliation fantaisiste, un apaisement utopique. Pour un parti qui périra, la république en suscitera dix. Tout le monde ne se sent pas capable de faire un roi. Mais quel est l'ambitieux ou le sot qui ne se croit capable de présider temporairement une république ? De là des rivalités ardentes, des compétitions haineuses, des secousses de tous les instants, dont le pays sera la première victime. Je n'exagère pas. Que M. Thiers demain laisse le fauteuil vide, ne va-t-il-pas surgir aussitôt dix, quinze, vingt successeurs ? Un véritable partage d'Alexandre ! Et la lutte achevée, ne voit-on pas le vainqueur exclusivement préoccupé d'assurer son triomphe, pendant que le vaincu préparera sa revanche et que la France, oubliée au milieu de ces calculs d'intérêt, succombera sous le feu croisé de ces mesquines jalousies.

C'est, en effet, un des dangers les plus sérieux des institutions républicaines que cette exploitation du pouvoir par celui qui le possède. Dépositaire temporaire de l'autorité, il est tout naturellement porté à s'en appliquer le plus rapidement possible les bénéfices ; assurer son avenir, caser ses créatures devient son premier soin ; il n'a souvent pas le temps de faire autre chose. C'est l'éternelle histoire de l'usufruitier et du propriétaire. L'usufruitier ne songe qu'à jouir : le propriétaire pense avant tout à conserver. Aussi vit-on pendant de longs siècles nos anciens rois identifier leurs intérêts avec ceux du royaume et donner à leurs ministres des instructions comme celles de François Ier à son chancelier, en 1514 : « Quant on vous apportera à sceller quelque lettre signée par le commandement du roy votre seigneur, si elle n'est de justice et de raison, ne la scellez point, encore que le dict seigneur le commandast par une ou deux fois. Mais viendrez devers iceluy seigneur et lui remontrerez tous les poincts par lesquels la dicte lettre n'est raisonnable ; et après que aura entendu ces dicts poincts, s'il vous commande de la sceller, la scellerez, car alors le péché en sera sur le dict seigneur et non sur vous. »

Il ne faut pas s'y tromper, au demeurant, la république, associant un plus grand nombre de citoyens à l'exercice de la puissance publique, suppose chez un peuple une mesure d'intelligence et de moralité plus grande peut-être que toute autre forme de gouvernement. Or, en sommes-nous-là ? Pouvons-nous nous vanter d'être un peuple moral, après vingt années de corruption impériale et de dictature républicaine ?

Demandez, du reste, au capitaliste, au commerçant, au banquier, ce qu'il pense de la république. Peut-être vous répondra-t-il qu'elle est devenue nécessaire, pour un moment, du moins. Mais ouvrez son grand livre ; contrôlez le chiffre de ses affaires ; parlez-lui de grandes entreprises, d'opérations à long terme ; vous verrez qu'il y a un temps d'arrêt, une hésitation marquée. On doute de l'avenir et on voit à l'horizon bien des points noirs et rouges.

Pourquoi donc vouloir être républicains ? Bon pour quelques jours, par manière de contradiction et de boutade. Plus longtemps, ce serait la ruine du pays.

Mais les élections du 2 juillet, répétent en chœur les journaux de la démagogie, ne montrent-elles pas que la monarchie est usée en France, usée jusqu'à la corde? Alors, en mai 1870, la France était bonapartiste, et pourtant c'est au lendemain du plébiscite que Bonaparte s'effondrait dans le sang et dans la boue. Qui sait même si un vote nouveau n'acclamerait pas le vaincu de Sedan, le prisonnier de Wilhelmshœhe, le conjurateur de Chislehurst ?

Quand on a vu le retour d'Elbe et le débarquement de Boulogne, on doit s'attendre à tout, et surtout il faut convenir que les suffrages populaires sont étrangement capricieux et trompeurs.

VIII

Nous n'en voulons pas
parce que la République est le gouvernement
qui nous divise le moins

Qui nous divise le moins, à la condition que tout le monde l'accepte. Exactement comme la monarchie rallierait tous les suffrages si les républicains lui prêtaient leur appui.

On sait d'ailleurs que cette parole, passée en axiome sur le compte de M. Thiers, n'a jamais été prononcée, telle qu'elle est rapportée, du moins. C'était après la révolution de février, je crois ; au lendemain de la chute de Louis-Philippe, on demandait à l'illustre homme d'État ce qu'il pensait de la république. « La république, répondit-il, c'est le gouvernement qui nous divise le moins, *nous autres monarchistes.* » Alors, en effet, il ne s'agissait pas de fusion : les deux branches de la maison de Bourbon vivaient ennemies. La république, dans ces conditions, devenait un terrain neutre, où chaque parti, abdiquant ses préférences, n'avait pas du moins à subir le triomphe d'un principe rival et pouvait, sans froissement, se consacrer au service de la patrie.

Aujourd'hui les choses ont bien changé. A l'école du malheur, les partis se sont rapprochés, les haines se sont éteintes ; de part et d'autre les dissentiments ont été oubliés et, quoiqu'on en dise, après le manifeste du 5 juillet comme avant, le comte de Chambord reste, à la tête de sa maison, le premier des Français et l'héritier des rois. Je sais bien que cette fusion est vivement démentie. Dans tous les cas, ce que l'on peut affirmer, c'est qu'elle se fera si elle n'est déjà consommée. Elle se fera parce qu'elle est nécessaire, et les dernières élections l'auront consolidée en enveloppant dans une même proscription tous les représentants du principe monarchique. Tant que les partis ont été moins tranchés, on pouvait encore se laisser aller à quelques illusions, compter sur des alliances indécises, spéculer sur la possibilité d'un escamotage final. Maintenant de pareilles pensées sont devenues impossibles. Les républicains sont intraitables. C'est dire que

les monarchistes doivent serrer leurs rangs, puisque se diviser en un pareil moment, ce serait
marcher à une défaite certaine.

Ainsi la fusion serait dans la nécessité des
choses, si elle n'était dans la volonté des princes.
Mais Dieu sait ce que de part et d'autre on apporte à cette œuvre de désintéressement et de
bon vouloir. Il n'est donc pas vrai qu'aujourd'hui
la république soit le gouvernement qui nous divise
le moins. Nous n'avons plus qu'un drapeau et
qu'un chef.

Ici se dresse une objection : le plus souvent,
il faut le reconnaître, elle procède de la plus
grande bonne foi. Aussi convient-il d'y répondre
avec une extrême franchise. Elle se résume ainsi :
si les monarchistes consentaient à accepter franchement la république, une république dont ils
seraient au besoin les inspirateurs, il n'y aurait
plus en France qu'un vaste parti national et la
guerre civile qui nous menace serait conjurée.

C'est la reproduction, sous une autre forme,
de ce que je disais au début : La république est le
gouvernement qui nous divise le moins, à la condition qu'il soit accepté de tous.

Ce qui amène tout naturellement à répondre
par cette autre question : Pourquoi les républicains ne se feraient-ils pas monarchistes ? La mo-

narchie ne nous diviserait plus alors, et nous nous retrouverions, sous un autre drapeau, c'est vrai, mais tout aussi nombreux pour combattre les ennemis de l'ordre social. Or, c'est ici qu'apparaît le défaut de la cuirasse. Car, si tous les monarchistes sont susceptibles de faire de bons républicains, il n'est pas prouvé que tous les républicains puissent faire de bons monarchistes. Il y a autre chose, en effet, sous ce culte démocratique, que l'amour de la France et des institutions électives. Qu'importe au peuple la forme du gouvernement, pourvu qu'il soit honnête? Il n'en est ni plus riche ni plus heureux. Aussi, ce que beaucoup cherchent sous le couvert de la république, c'est le bouleversement, le déplacement des fortunes, ce que l'on est convenu d'appeler, en termes nouveaux, la liquidation sociale. Voilà vraiment le dessous des cartes : politiques, en apparence ; sociales et socialistes, en réalité. C'est une grande erreur de croire que chez nous le peuple est républicain : jamais il ne fut plus docile à l'esclavage, au contraire, et la façon dont il a supporté la dictature de Gambetta, après le despotisme de l'empire, en est une preuve irrécusable. Pourrait-il en être autrement, d'ailleurs? Une nation démoralisée fut toujours faite pour la servitude. C'est comme une poitrine délicate : le grand air des montagnes l'achève et la tue. Aussi, que Henri V, par impossible, vienne demain affirmer le programme ouvrier, il sera acclamé par les faubourgs, et le drapeau blanc aura remplacé le hideux chiffon rouge. Ceux qui voient dans la lutte présente une lutte politique s'abusent donc étrangement : ce qu'il y a en réalité, c'est la soif de jouir portée à son paroxysme, c'est la fièvre du bien-être. Pour l'appeler par son nom, c'est le socialisme.

Or, le socialisme est incompatible avec un gouvernement honnête, quel qu'il soit : puisqu'il est le triomphe des passions dont un gouvernement honnête est le frein. Il n'est donc pas vrai que la fondation de la république soit un gage de paix et le signal de la trève. La guerre est entre l'ordre et le désordre, le droit et la force ; c'est le prélude de cette lutte gigantesque du bien et du mal qui doit clore l'histoire du monde.

Cette perspective est inquiétante, je le reconnais. Aussi, beaucoup n'osent la regarder en face. C'est le plus sûr moyen d'aller droit à l'abîme. Le salut, cherchons-le dans un pouvoir sage, modéré sans faiblesse, ferme sans excès, fondé sur les traditions nationales. Or, la république est trop jeune en France pour affronter de pareils assauts : il faut à ce travail le vieux sang de nos rois.

Peut-on dire, au surplus, que la république mette d'accord les républicains eux-mêmes ? Les faits, et des faits absoluments récents, démontrent le contraire [1]. La république, en effet, compte aujourd'hui au moins trois camps bien distincts,

Il y a d'abord la république honnête et libérale, celle que l'on appelait sous l'empire *la gauche ouverte*. Celle-là fonde la liberté sur la justice et fait appel à tous les dévouements : aussi est-elle la moins nombreuse. Elle a pour type le plus accompli M. Victor Lefranc. Il y a en second lieu la république radicale, ou des *purs ;* sous le nom de *gauche fermée*, elle eut, en 1869, Ferry, avec Raspail du camphre et Rochefort de la *Lanterne* pour adeptes, l'opposition systématique pour principe et Gambetta pour chef. Nous l'avons vue fonctionner entre leurs mains, et nous savons les fruits qu'elle a portés : destruction de l'honneur national au dehors, destruction de la fortune publique au dedans. Il y a enfin là république communiste et communarde, avec Delescluze pour bras et Pyat pour tête. On sait que cette tête est un volcan et que ce bras porte la torche et le poignard. Ils ont été à l'œuvre pendant cinquante

---

[1] On sait en particulier, que tous les efforts tentés jusqu'à ce jour pour rapprocher les différents groupes du parti républicain à l'Assemblée sont restés infructueux.

jours dans Paris : nous savons ce qu'ils y ont amoncelé de cadavres et de ruines, et ce n'est que le commencement de leur programme. Or, ce qui n'est pas moins certain, c'est que ces trois républiques se sont juré une haine mortelle, à part peut-être les deux dernières dont les mains se serrent dans l'ombre. Et c'est en présence de cet antagonisme brûlant qu'on vient nous vanter leur union. Allons donc ! la monarchie n'est au fond qu'un prétexte, et, je le répète, si l'on veut aller à la véritable cause de nos dissensions intérieures, c'est moins dans les institutions que dans les âmes qu'il la faut chercher.

La république ne pacifierait rien. Tout au plus réussirait-elle à retarder l'explosion de quelques jours, mais pour la rendre plus terrible.

IX

Nous n'en voulons pas
parce que nous voulons un essai loyal
de la République

C'est le pacte de Bordeaux, légèrement accommodé aux préférences républicaines. Au 15 février, en effet, il avait été entendu qu'on ne préjugerait aucune solution et que la question constitutionnelle demeurerait réservée. Aujourd'hui, nul ne peut nier que M. Thiers n'ait manifestement élargi son programme et ne prêche l'essai des institutions électives. Aussi le nombre est grand de ceux qui partagent cet avis. M. Thiers l'a dit : *Magister dixit*. Et l'on reproche aux monarchistes de trop jurer par les paroles du maitre ; et l'on se dit républicain, quand, sur la foi d'un homme, on courrait toutes les aventures : quand on n'a pas même la force de voir et de penser par soi-même.

Il faut remarquer, en effet, que, si la république figure en tête de nos décrets et de nos lois,
elle est encore loin d'avoir pénétré dans les institutions. Extérieurement, M. Thiers est président; réellement, c'est un roi, et un roi passable-
ment absolu, en opposition fréquente avec la majorité de l'Assemblée dont il tient ses pouvoirs, ce qui va évidemment contre l'*a b c* d'un
régime parlementaire quelconque. Pour mieux
s'en convaincre, d'ailleurs, qu'on le suppose demain frappé par la mort : l'Assemblée serait là,
sans doute, avec sa volonté souveraine et ses
pouvoirs indéfinis, mais où serait son bras? Qui
exécuterait ses décisions? Le ministère ne survi-
vrait pas un seul instant à son chef, parce que,
en somme, il se résume en lui et que ses éléments,
si étrangement disparates, ne sont unis que par lui.

Prolonger le *statu quo*, ce n'est donc pas vraiment expérimenter la république. C'est assurer,
si l'on veut, à l'élément républicain une prépondérance certaine, mais, en somme, c'est perpétuer
le gouvernement d'un seul.

Et, après M. Thiers, qui continuera l'essai? Son
nom, ses services, la merveilleuse souplesse de
son talent, imposent silence au mécontentement
et aux secrets désirs. Mais, après lui, ne voit-on

pas quelles compétitions violentes s'agiteront? les partis en campagne, les vainqueurs enivrés par le succès, les vaincus aigris par la défaite, toutes les haines réveillées! Et c'est cette lutte qu'on propose à la France, pour la remettre de ses ébranlements! C'est cet essai, loyal, si l'on veut, mais aussi par trop naïf, qu'on veut lui faire subir, au risque d'épuiser ce qui lui reste de vie et d'achever sa ruine! Que le savant expérimente sur la matière, pour arracher à la nature ses secrets et ses lois, soit; mais que l'on vienne prendre notre bien-aimé pays, meurtri par ses défaites, affaibli par ses dissensions, saignant et découronné, et que l'on s'en serve comme d'un sujet vulgaire, pour une expérience qui peut amener sa mort, *experimentum in animâ vili*, non, mille fois non! Ce n'est pas l'heure des essais, c'est l'heure des résolutions viriles et des déterminations courageuses.

Si nous en étions à chercher notre route, si tout remède était épuisé et tout espoir évanoui, je comprendrais encore : en face de la mort, il est permis de tout oser. Mais nous connaissons le mal et le remède. Le mal vient de ce que la France, jetée hors de sa voie traditionnelle par la tourmente révolutionnaire, languit comme une fleur qu'on arrache brusquement à son atmosphère.

pour l'acclimater sous un ciel étranger. Le remède consiste à lui rendre ce milieu dont on l'a
arrachée, à la replacer dans cette atmosphère de
grandeur et de liberté où elle est née et où elle a
grandi.

L'essai de la république! Mais c'est le troisième
dans ce siècle. Car c'était un essai loyal aussi
qu'on voulait tenter au début, en 1791 ; et, à coup
sûr, quand Mirabeau fulminait ses discours, il ne
songeait guère qu'un jour Louis XVI les paierait
de sa tête. On sait à quoi ont abouti ces tentatives :
la Terreur d'abord et l'empire à sa suite.

Cinquante ans plus tard, une autre monarchie
tombait sous le souffle de l'idée nouvelle. Cette
fois encore, c'était la république honnête, sage,
libérale, qui déployait sur la France son radieux
étendard. Ce qu'on répète aujourd'hui, on le disait alors. Il y eut d'abord les journées de juin,
et trois ans s'étaient à peine écoulés que sa robe
tachée de sang servait de pourpre à un second em-
pereur. Ainsi, chaque fois, la république com-
mence par l'anarchie et finit par le despotisme.

L'anarchie! Nous l'avons vue en 1871, et, en
regardant l'avenir, qui pourrait dire si, à cette
heure, un nouveau despote ne nous forge pas des
fers, pour châtier nos nouveaux égarements !

Eh bien! l'essai est fait, et il est décisif!

Je sais bien ce qu'on objecte : sans doute nous avons eu la république et ses fruits ont été terriblement amers, mais ce n'est point celle-là que nous vous proposons ; la nôtre est la meilleure personne du monde, simple, douce, tolérante, économe ; son cœur, large comme son esprit, bat à toutes les idées généreuses ; ses sourires sont pour tous ; que sais-je encore ? un ange descendu du Ciel pour apaiser nos discordes civiles.

Le malheur est qu'en face de cette vierge si séduisante et si belle s'en dresse une autre singulièrement différente, coiffée du bonnet rouge, intraitable et d'une honnêteté fort douteuse. Or, de ces deux femmes, la seconde chassera toujours la première, parce qu'elle a pour elle la force et la passion. Je parle pour nous et pour aujourd'hui ; dans d'autres pays ou en d'autres temps, ce peut être différent. Mais, en France et en 1871, la république rouge emportera fatalement l'autre, et, s'il fallait attendre, pour prendre parti, que l'essai d'une république honnête se soit prolongé quelques années, nous risquerions fort de mourir dans notre indécision.

La preuve de ceci, je la trouve dans le passé, d'abord. Je l'ai déjà dit : toujours la république nous a valu le désordre et l'oppression, ce qu'on exprime vulgairement en disant que, dans ce parti, la queue emporte la tête, et on connaît le proverbe : *In caudâ venenum.*

Les dernières élections en sont une non moins éclatante démonstration. Dans les départements, en effet, où plusieurs candidatures républicaines se sont trouvées en présence, qui l'a emporté, le parti libéral ou le parti radical ? On l'a vu à Lyon particulièrement, où les radicaux, portés à la dernière heure par un seul journal, ont obtenu, à eux seuls, plus de voix que tous les autres, républicains modérés et monarchistes, appuyés par les quatre autres journaux de la ville.

Ne sent-on pas, d'ailleurs, monter le flot de la démagogie violente ? Gambetta, le dictateur incapable et fougueux, l'homme qui a eu le triste courage de sacrifier la France au triomphe de sa passion, à qui nous devons, c'est M. Thiers qui l'a dit, une partie du sang versé, de l'or enlevé et de nos provinces perdues, rentre à la Chambre, absous par le suffrage populaire. Ne pressent-on pas déjà que M. Thiers fait son interrègne. Si l'on procédait demain à l'élection d'une Constituante, n'y retrouverions-nous pas les mêmes hommes qui ont déshonoré notre pays en le ruinant ? Qu'on médite ces terribles instructions récemment adressées par l'Internationale à ses membres : « Nous ordonnons à tous nos membres, de tous les pays, d'attiser le foyer de haine et de vengeance que nous avons allumé contre la religion, l'autorité, les riches et les bourgeois. Nous saisissons cette occasion pour vous dire que l'apaisement n'est ni dans nos cœurs, ni dans notre esprit. Bientôt nous aurons recours aux explosions violentes et terribles, qui se chargeront d'exécuter le système social existant, en abattant au besoin, par la hache et le fusil, tout ce qui est aujourd'hui debout dans l'ordre civil et religieux [1]. »

Voilà donc la république qui nous menace! Et l'on s'exposerait, par un essai qui, pour plusieurs, je le sais, serait un acte de patriotisme, mais, pour tous, un irréparable malheur, on s'exposerait à en favoriser le retour. Et nous redirions, sous une forme plus adoucie, ce fameux défi : Périsse la France plutôt que la république ! Ne nous laisserons-nous donc instruire ni par les enseignements du passé, ni par les menaces de l'avenir?

On voudrait tenter d'une république sans républicains. Mais comment, d'une part, ne voit-on pas que c'est une utopie radicalement impraticable, et, d'autre part, comment garder sa confiance à des hommes que leurs relations et

____
[1] 13 juillet.

leurs vieilles amitiés entraînent fatalement plus
loin que leurs principes et leurs désirs? Il ne
faut pas oublier, en effet, que les républicains
aujourd'hui au pouvoir doivent leur élévation
et leurs succès à ce peuple qui réclame sa pâ-
ture en retour. Plusieurs le repoussent du pied,
comme un instrument désormais inutile, je le sais
bien ; mais, irrité et déçu, le peuple se prend alors
d'une immense colère, et, pour assouvir sa vengeance, promène partout sa fureur et renverse ses
idoles.

Non, l'essai de la république c'est le désordre à
courte échéance. En attendant, c'est l'inquiétude
dans les esprits, l'hésitation dans les affaires
l'ébranlement du crédit ; c'est le malaise qui
épuise en attendant la crise qui tue.

X

Nous n'en voulons pas
parce que la République est le gouvernement
le plus économique

Avec la république, en effet, ni cour à entrete-
nir, ni princes à pensionner, ni cassette à doter ;
point de fonds secrets ou de scandaleuses pensions.
Le président n'est que le premier des citoyens, et
sa liste civile que le traitement d'un fonctionnaire
exceptionnel. Total : plusieurs millions d'économie
par an.

Seulement, avec la république, et de par les
principes démocratiques, tout citoyen qui donne
son temps à la chose publique ayant droit à une
rémunération, il faut payer les représentants ;
donner, comme à Chalon-sur-Saône, une alloca-
tion au maire ; allouer, comme à Lyon, des jetons

de présence aux conseillers municipaux ; on a même proposé des émoluments pour les conseils généraux, ou tout au moins pour les commissions permanentes de ces conseils. Autrefois, toutes ces fonctions étaient gratuites, et bien d'autres encore. Ainsi la magistrature et l'armée ne coûtaient presque rien à l'État. Pourtant notre armée faisait quelque honneur à son drapeau, et nos magistrats, sans égaux dans le monde, sont restés le type accompli de la conscience et du devoir. Les places alors étaient de véritables charges où plus d'un s'est appauvri. Elles sont devenues une spéculation où beaucoup s'enrichissent, de sorte que l'économie des institutions républicaines est encore tout entière à démontrer. Ce qu'on enlève aux princes, on le distribue en détail aux fonctionnaires et le peuple n'y gagne rien ; car ce que les princes répandent en largesses, le plus souvent le fonctionnaire le thésaurise pour l'heure de la retraite.

A-t-on vu d'ailleurs que les républicains aient fait quelque chose pour alléger les charges publiques ? Du temps qu'ils siégeaient dans l'opposition, que n'ont-ils pas dit contre l'exagération des gros traitements ? Depuis qu'ils sont au pouvoir, ces traitements sont demeurés les mêmes : Jules Favre est payé comme M. de la Valette ; Jules Simon comme Duruy. On a bien, il est vrai, parlé de réductions, mais pour les successeurs, et il n'y a guère jusqu'à ce jour, je crois, que les membres de l'Université qui aient subi une retenue. En haut lieu on trouve excellent à garder ce qui est bon à prendre. Au lendemain du 4 septembre, d'ailleurs, qui n'a vu les austères républicains se partager en famille les dépouilles du pouvoir déchu, préfectures, sous-préfectures, conseils de préfectures, parquets, justices de paix ; il n'y avait pas assez de siéges pour tous les solliciteurs ; il fallut en créer. On cite un barreau où trente-trois avocats ont pris leur part du butin. Chaque fonctionnaire devenait à son tour le centre d'une pléiade parasite qui vivait à nos dépens, et le gaspillage a atteint de telles proportions qu'il serait impossible aujourd'hui d'en mesurer l'étendue. La situation était exceptionnelle, je le reconnais, et il serait sans doute possible de prévenir le retour d'aussi scandaleux abus. Mais de semblables précédents sont une perpétuelle menace et rien ne nous dit qu'ils ne redeviendront pas une réalité.

Au surplus, l'histoire est là pour tirer les conséquences :

La première République a tué la fortune publique par les assignats.

La seconde, celle de Garnier-Pagès, a établi les quarante-cinq centimes.

La troisième, celle de Gambetta, nous a légué une dette de huit milliards, la perte de deux provinces et une augmentation d'impôts dont nous commençons seulement à sentir le poids.

« Or, disait M. Thiers dans son mémorable discours du 20 juin à l'Assemblée nationale, j'ai la conviction que si nous avions fait la paix à ce moment, nous aurions moins perdu en territoire et moins en indemnité de guerre. Au lieu de 5 milliards, nous aurions pu obtenir la rançon de la défaite pour 2 milliards et demi. Oui, Messieurs, c'est ma conviction. Si l'on s'était arrêté là, peut-être notre désastre aurait pu être limité à 1,500 millions de dépenses de guerre et à 2 milliards et demi d'indemnité, en tout 4 milliards, au lieu de 8! Quant à la part des fautes, la voici : ceux qui ont fait la guerre nous ont condamnés à la dépense nécessaire de 4 milliards ; ceux qui l'ont prolongée trop tard ont doublé le désastre et la dépense. »

Conclusion. — C'est quatre milliards que nous coûte la république de Gambetta. Quant aux dépenses qu'entraînerait le rétablissement de la monarchie, écoutons un républicain, M. Charles Didier, nous en dire son avis :

« Charles X tenait aux formes, à l'étiquette, ce culte de la personne royale qui a toujours joué

dans la maison de Bourbon un rôle considérable.
Le petit-fils, lui, n'y tient guère, fait bon marché
de ces pompeuses inanités et va si loin à cet égard
que si jamais il remontait sur le trône, *il n'aurait
pas même de cour : son parti est pris là-
dessus.* »

XI

Nous n'en voulons pas
parce que la République est le gouvernement
le plus honnête

Exemple : M. Place, consul général de la
république aux États-Unis, n'a détourné que
1,200,000 fr. sur les achats d'armes confiés à sa
surveillance — sans compter les bénéfices réalisés
sur les fournitures de subsistances.

Laurier, l'ami de Gambetta, un *fier républicain*, lui aussi, a, dit-on, trouvé moyen d'égarer
en droits de commission une bagatelle de 30
millions sur un emprunt de 230 et quelques, soit
un huitième.

Challemel-Lacour, le préfet du drapeau rouge,
a laissé à Lyon une réputation de désintéressement et d'intégrité dont sa fortune présente est
la preuve.

Tout le monde sait quels scrupules ont apporté, dans l'exécution de leurs marchés, les fournisseurs agréés par le gouvernement du 4 septembre [1]. Il est bien vrai que nos soldats affrontaient les neiges de l'Est avec des semelles de carton et grelotaient sous leurs tuniques en lambeaux, pendant que messieurs les républicains galonnés faisaient tranquillement de la guerre à outrance, les pieds dans les cendres ; — mais il fallait bien imiter les héros de 92, marchant pieds nus et couverts de haillons à la rencontre des armées coalisées. Qu'aurait dit l'Europe, si les légions de la république avaient eu une tenue correcte et régulière ?

Enfin, on se rappelle qu'il y a quelques mois, M. le ministre des finances déclarait à l'Assemblée que, sur une somme de 540 millions, je crois, portés aux frais de défense nationale, il n'avait pu trouver la justification que de 140 environ. Les quatre cents autres ne sont pas perdus, évi-

---

[1] Le dernier rapport de M. de Saint-Victor à l'Assemblée en est une preuve nouvelle. Ainsi sur un seul marché de deux millions neuf cent mille francs, un sieur de Baillehache a réalisé un bénéfice de plus d'un million. Ce Baillehache, agréé par le ministère, a été jadis déclaré en faillite et plus tard condamné à trois ans de prison pour banqueroute simple. On sait aussi que sur quatre-vingt-six millions de marchés passés il y a eu lieu d'opérer une réduction de soixante-huit millions. (*Journal officiel* du 27 juillet 1871). *Et nunc Intellegite!*

demment. Je soupçonne cependant qu'ils ne se sont pas oubliés dans la poche des royalistes, et je doute aussi qu'ils aient servi à adoucir les misères du pauvre peuple.

La commission d'enquête nous en apprendra bien d'autres. Elle n'a pas moins de quatre-vingt mille dossiers à examiner, et on peut croire que ces examens n'aboutiront pas tous à des certificats de moralité. Le gouvernement *de défense nationale* n'était en réalité qu'un gouvernement de *dépense nationale*..

Nous-mêmes recueillons nos propres souvenirs : recherchons quels hommes ont passé au pouvoir depuis le 4 septembre. Je ne parle pas des exceptions; mais d'une manière générale, peut-on dire que ce furent les plus intelligents, les mieux considérés, les plus honnêtes? Dans les campagnes, ne suffisait-il pas d'une réputation compromise, d'un caractère exalté, d'une condamnation judiciaire parfois pour ceindre l'écharpe? Et dans les villes, que de commerçants faillis, d'avocats sans causes, de médiocrités équivoques à la tête des affaires? Jamais, en vérité, ne s'était vu pareil dévergondage. Et dans les fonctions publiques, jamais plus d'incapacité n'avait donné la main à une immoralité plus notoire. Quant aux gens honnêtes, le gouvernement d'alors ne leur reconnaissait qu'un droit, celui d'aller tomber sur les champs de bataille, en défendant la patrie. On sait, d'ailleurs, qu'ils en ont largement usé, et autant d'une part on prodiguait la bassesse et la malhonnêteté, autant en regard les hommes de cœur multipliaient les exemples de chevaleresque bravoure et de vaillance éprouvée.

A ces exemples on répond par les abus de l'ancien régime : on rappelle les exagérations du pouvoir royal, la vénalité des offices, les priviléges, mille autres choses encore. Sous tous les gouvernements, dit-on, il y a eu des excès : *abusus non tollit usum*. Il convient toutefois d'observer que jamais, sous aucun régime, on ne vit tant d'écume monter à la surface. Non, jamais pareille curée ne fut donnée en spectacle au monde, et tout le favoritisme du grand roi n'alla pas à la cheville du népotisme gambettiste. On voyait alors des ingénieurs de trente ans, comme ce faux de Serre, Polonais d'origine, commander à des généraux comme Bourbaki. Pipe-en-bois passait de l'estaminet au cabinet du ministre de la guerre ; des stagiaires de vingt-trois ans administraient des arrondissements ; partout c'était l'insolence et l'incapacité.

Un autre fait digne de remarque, c'est que, à tort ou à raison, tout le monde est d'accord pour

reconnaître que la république est de tous les gouvernements celui qui, chez nous, favorise le plus
l'essor des passions mauvaises et des appétits
déshonnêtes.

Tout cela, sans doute, est fort exagéré. Exceptionnels aussi sont les abus que je signalais tout
à l'heure. Il n'en est pas moins vrai qu'avec de
pareilles tendances, la république sera toujours
chez nous un objet d'effroi et un danger public,
à cause des illusions qu'elle nourrit et des passions
qu'elle éveille. Aussi, il n'est pas rare d'entendre
dire : Oh ! nous sommes en république, on ne paie
plus ses dettes. — Nous sommes en république, il
est permis de tout faire. Et à l'inverse des propos comme ceux-ci : Qu'est-ce que la république? — Je ne sais pas trop : je sais seulement
que quand on est en république et qu'on prend
dans la poche du voisin, ça ne s'appelle pas
voler.

Aussi, dans un village que je pourrais nommer,
au lendemain du 4 septembre, un républicain de
petite ville ayant empêché le pillage de la cure,
une bonne femme se mit à s'écrier : « La république est donc déjà finie, qu'on a empêché de
dévaliser M. le curé ! »

Et l'on veut qu'avec de semblables dispositions
d'esprit et de cœur, la république puisse asseoir le

régime de la justice et de l'honnêteté? — Je sais
bien qu'en elle-même et par elle-même elle se
prête à toutes les vertus publiques et privées. —
Mais un gouvernement ne vaut que par ceux qui
l'exercent. Or, il est incontestable que pour un
républicain honnête, il y en a neuf chez nous qui
rêvent le désordre et l'agitation. C'est cette pro-
portion qui épouvante avec juste raison.

Aussi, quand on parle d'un républicain paisible
a-t-on hâte d'ajouter ; Celui-là n'est pas dange-
reux, c'est un républicain intelligent, c'est un
républicain honnête, tant, paraît-il, l'intelligence et l'honnêteté sont peu communes sous ce
drapeau. Le fait est qu'on n'a jamais eu l'idée
d'appliquer cette distinction à aucun autre parti
politique. Il y a dans cette simple particularité
tout un enseignement.

Concluons donc. La république peut sans aucun
doute être honnête : il y a même, en France, de
fort honnêtes républicains, mais ils sont débordés
par le reste du parti qui a pour lui le nombre et
la passion.

Donc, nous avons raison de n'en pas vouloir.

XII

Nous n'en voulons pas
parce que la République est le gouvernement
du peuple par le peuple

Entend-on par là que le peuple sera admis à la direction des affaires publiques? Mais je ne vois pas en quoi cette participation sera beaucoup plus directe que sous les régimes précédents; car, j'imagine bien qu'on n'a pas la prétention de substituer des comices à l'Assemblée et que la part du peuple se réduira, comme par le passé, à exercer son contrôle par voie de délégation. D'ailleurs, je me demande si en développant cette participation on augmenterait son bien-être et sa richesse; ou si au contraire le forum ne ferait pas tort à l'atelier, et par suite au salaire.

Entend-on que les charges seront ouvertes à

tous? Je ne sache pas qu'elles soient fermées pour personne, et sous Louis XIV déjà, on voyait des roturiers, comme Colbert, parvenir aux plus hautes fonctions de l'État. Au surplus, malgré toute la fécondité de l'esprit républicain, je doute qu'on puisse créer des places pour tous les citoyens. Il y aura donc toujours des administrateurs et des administrés. Or, si la république elle-même est obligé de faire des choix, pourquoi une monarchie, par exemple, ne les ferait-elle pas aussi bons? Et quand elle laisserait le cordonnier à ses semelles, le cabaretier à sa cave et le maçon à sa truelle, quel mal y aurait-il? Y a-t-il vraiment intérêt à ce que l'orthographe soit écorchée tous les jours dans les administrations publiques et l'intelligence bannie du service de l'État. Allons, croyons-en le poëte :

> Ne forçons pas notre talent,
> Nous ne ferions rien avec grâce.
> Jamais un lourdaud, quoiqu'il fasse,
> Ne pourra passer pour galant.

Entend-on que sous la république le peuple vivra sans travailler? Certains idéologues travaillent, dit-on, à la solution de ce problème, et beaucoup de naïfs l'attendent. Pour moi, je ne connais jusqu'à ce jour que l'institution des gardes nationales qui ait quelque peu répondu à ces re-

cherches. Et je crois qn'elle est suffisamment ju-
gée pour tous, les officiers, tambours et cabaretiers
exceptés. Si j'avais du goût pour ces sortes
d'études, je rechercherais de préférence le secret
de vivre sans manger ; ce serait plus radical, sinon
plus praticable.

Ah ! si les masses voulaient voir ceux qui les
conduisent ! Qui donc, plus qu'eux, se nourrit
des sueurs du peuple et de son sang parfois ?
Est-ce que par hasard, ces famenx républicains
qui, sous l'Empire, fomentaient les passions,
éveillaient les convoitises, ont fait entrer les
foules avec eux dans ces ministères dorés où ils se
prélassent aujourd'hui ? Est-ce que MM. Favre,
Simon et Picard ont amélioré, depuis qu'ils sont
au pouvoir, le sort de ces ouvriers qu'ils ont tant
flattés pourtant avant d'y parvenir ? Et ces chefs
de la Commune de Paris, monstres à face humaine,
ne se sont-ils pas lâchement enfuis au moment du
péril, abandonnant d'aveugles partisans qui, pour
eux, venaient d'exposer leur famille, leur avenir et
leur vie ? Flourens portait un travestissement dans
sa valise quand la mort l'a surpris ; Pyat est en
sûreté ; Cluseret promène ses loisirs en Amérique,
pendant que les prisons de Versailles regorgent de
leurs victimes. C'étaient les *sauveurs* pourtant !
Des sauveurs qui se sauvent, Oui.

Ah ! le peuple ne comprendra donc jamais qu'il est le jouet de ces ambitieux, sans conscience et sans cœur. Ils disent qu'ils l'aiment, et ils l'exploitent ; qu'ils le servent, et ils le sucent ; à lui de souffrir, de s'exposer, de se compromettre ; à lui le combat, la prison et la mort ; à eux les honneurs, la fortune et les places ! Et que la foule ne vienne pas alors réclamer sa part du festin. Elle était bonne à la peine ! mais au triomphe et à la victoire, fi donc ! O sycophantes de la fraternité, vous nous accusez d'écraser le peuple, de l'asservir, de le déshonorer. Et depuis quatre-vingts ans vous spéculez sur sa crédulité. Et quand, confiant en votre parole, il vient, au milieu de vos orgies, vous demander quelques miettes de la table qu'il vous a dressée, gorgés d'or et de vin, vous le repoussez du pied. Vous l'enivrez dans de scandaleuses libations, pour le jeter à la mort et le mieux trahir au besoin ; et lorsqu'il se réveille, il ne trouve plus autour des ruines qui lui servent de lit, que la misère et le désespoir. Vous ressemblez étrangement à ces séducteurs éhontés qui, après avoir odieusement souillé leur victime, l'abandonnent impuissante et flétrie dans la solitude que lui a faite son déshonneur.

O peuple, reconnais donc tes vrais amis. Est-ce au lendemain des révolutions que l'aisance et la joie s'assoient à ton foyer? Ces hommes qui te bercent de chimériques promesses, ont-ils un seul jour accompli leurs serments? Tu es pour eux l'escabeau du succès. Ils te méprisent quand ils te flattent ; s'ils te parlent de liberté, c'est pour t'asservir et sous prétexte de t'unir ils t'enchaînent. Peuple, prends garde à toi. Le fils des rois t'appelle. Il a l'âme fière, le cœur compatissant ; il te convie au salut du pays. C'est le sang de ton bon roi Henri IV. Pourquoi aurais-tu peur d'Henri V? Élevé dans l'exil, à l'école du malheur, il comprend la souffrance. Avec lui ce sera la paix et la tranquillité, parce que ce sera la justice avec la liberté.

XIII

Nous n'en voulons pas pour ceci et pour cela

Ainsi :

Parce qu'il n'a pas d'enfant. Notez que s'il en avait les mêmes personnes objecteraient sa postérité qui perpétuerait dans notre siècle rajeuni le souvenir d'une féodalité usée, etc., etc.

Parce qu'il est trop âgé. S'il l'était moins, on se dirait effrayé de la longueur de son règne.

Parce qu'il est boiteux. Gambetta était borgne, on l'a bien accepté.

Parce que sa légitimité est incertaine. Le comte de Chambord est né aux Tuileries, le 29 septembre 1820, fête de saint Michel. Son père, M. le duc de Berry, avait été assassiné par Louvel, le 13 février de la même année, soit sept mois et

demi avant sa naissance. La légitimité de sa naissance n'est donc pas douteuse. Ceux qui font cette
objection sont d'ailleurs, le plus souvent, aussi
tolérants pour eux-mêmes que sévères pour au-
trui. Il leur siérait de pratiquer mieux la morale
et de la moins vanter.

Je ne puis résister, en finissant, au désir de
reproduire un mot qui peint bien exactement l'intelligence du suffrage populaire et l'ignorance sur
laquelle se fondent les préjugés que nous venons
de réfuter.

C'était dans une campagne du Charollais, la
veille des élections du 2 juillet. Deux cultivateurs
s'abordent :

« — Eh bien ! dit l'un, tu ne veux point d'Henri V,
toi, au moins ?

« — Non, répond l'autre. Je n'en veux point.

« — Qui voudrais-tu donc alors ?... le comte
de Chambord ?

« — Ah ! pour celui-là, oui : c'est bien l'homme
qu'il nous faut faut. »

Eh bien, soit ! Va pour le comte de Chambord !

XIV

Nous n'en voulons pas
parce que Bismarck n'en veut pas

Voici, en effet, ce que disait à ce sujet le fameux chancelier de l'empire allemand :

« Je ne m'opposerai pas à l'installation de la république en France, à la condition que les républicains français ne fassent pas de propagande révolutionnaire en Allemagne. *Quant aux Bourbons, je n'en veux à aucun prix.* Je restaurerais plutôt la dynastie napoléonienne sur le trône de France ; Napoléon IV m'étant redevable de sa couronne, je le tiendrais sous ma tutelle, et il devrait toujours conformer sa politique à la mienne. »

Si Bismarck ne veut pas des Bourbons, c'est qu'il a des raisons pour cela.

Elles ne sauraient être les nôtres.

Bismarck n'en voulant pas, nous devons en vouloir.

XV

CONCLUSION

Nous avons parcouru rapidement le cercle des objections les plus répandues soulevées par la perspective d'une restauration monarchique. Sous chacune d'elles nous avons signalé une erreur et un mensonge.

L'Henri V dont on ne veut pas, c'est celui qui, demeurant d'un autre âge, chargé de ressentiments et de haines, rêverait de transplanter au sein de notre pays je ne sais quelle féodalité bâtarde, briserait les justes conquêtes des siècles et couvrirait la France de ridicule et d'ignorance.

Mais le prince que nous connaissons si loyal et si droit, à l'âme si chevaleresque et si fière, si délicat dans son indépendance et si simple dans sa grandeur ; l'exilé de Froshdorf, le pèlerin de Chambord et de Blois, est-il bien vrai que la France n'en veut pas? Jusqu'à ce jour elle n'en a vu que le masque : en face de cette grande figure ne reconnaîtra-t-elle pas le vieux sang de ses rois et ne lui rendra-t-elle pas sa couronne?

Je ne sais quel vieil auteur prédit pour notre époque le retour d'un prince inconnu. C'est méconnu qu'il fallait dire.

Quand il ne serait pas le chef de la maison de France ; quand ses fleurs de lis ne seraient pas le symbole de l'honneur, il n'en resterait pas moins le premier honnête homme du monde et le plus parfait gentilhomme de France. Est-ce que par hasard on rencontre ces qualités tous les jours à notre époque? Est-ce que nous n'en avons pas assez des intrigues et des aventures, depuis quatre-vingts ans que nous roulons de révolutions en révolutions, perdant à chaque essai un peu des forces qui nous restent? Nous avons tout tenté ; nous avons tout subi : la république, l'empire, la dictature et l'anarchie. Il est temps de revenir au vieux

principe qui fit la force du passé et assura à notre
bien-aimé pays huit cents ans de calme et de grandeur.

Il y avait beaucoup à retenir dans les cahiers
de 1789. Reprenons l'œuvre interrompue et sa-
chons, pour l'avoir chèrement appris, qu'on fonde
vainement la liberté en dehors de la justice. Chas-
sons la révolution de nos idées et de nos mœurs.
Au fond, c'est la grande objection qu'on fait à
Henri V : d'être l'ennemi de la révolution. C'est
précisément par là qu'il nous sauvera, parce que
la révolution, c'est le protestantisme social, le
libre examen des foules et la négation de l'autorité
sans laquelle il n'y a pas de société possible.

Henri V nous apporte, avec la franchise de sa
grande âme, l'éclat de sa maison, jusque dans ses
malheurs la première du monde. C'est le maître
qui convient à la France. Avec lui, les alliances
renaîtront, notre prépondérance reprendra son
empire dans les conseils de l'Europe, la confiance et
la tranquillité renaîtront au dedans. Et puis c'est
le petit-fils de Louis XIV! La race qui prit jadis
l'Alsace et la Lorraine pourrait bien la reprendre.

Mais il ne peut rentrer ni par un 2 décembre, ni par un 4 septembre, C'est enseignes au vent qu'il opérera son retour. Il a formulé son programme, déployé son drapeau. Maintenant il attend.

« La parole est à la France. » Ouvrons-lui donc enfin les portes de ce pays qu'il aime et auquel il a voué son cœur. « Heureuse France, s'écriait son aïeul en le voyant grandir, heureuse France, si jamais il est roi!... » Qu'il le soit donc, et la victoire, reconnaissant son vieux drapeau, viendra refaire notre fortune dévorée par ces vautours qu'on saluait du nom d'aigles impériales.

Place au roi !

FIN

TABLE DES MATIÈRES

FIN DE LA TABLE

LYON. — IMPRIMERIE PITRAT AÎNÉ, RUE GENTIL, 4.